"Swan Lake"
and
"The Sleeping Beauty"

Suites from the Ballets

in Full Score

Peter Ilyitch
Tchaikovsky

DOVER PUBLICATIONS, INC.
Mineola, New York

Bibliographical Note

This Dover edition, first published in 1997, is a new compilation of two authoritative scores originally published separately, n.d. Lists of contents and instrumentation are newly added.

International Standard Book Number: 0-486-29889-2

Manufactured in the United States of America
Dover Publications, Inc., 31 East 2nd Street, Mineola, N.Y. 11501

Contents

**Pas d'action* ("foot movement") is a generic ballet term for an otherwise unnamed scene or dance.

"Swan Lake"

Suite from the Ballet

Op. 20

(1875–6)

Libretto by V. P. Begichev, Intendant of the Imperial Opera, and V. Heltser

First performance of the ballet:
Bolshoi Theatre, Moscow: 4 March 1877

Instrumentation

Piccolo [Flauto piccolo, Fl. picc.]
2 Flutes [Flauti, Fl.]
2 Oboes [Oboi, Ob.]
2 Clarinets in A [Clarinetti, Cl.]
2 Bassoons [Fagotti, Fg.]

4 Horns in F [Corni, Cor.]
2 Cornets in A, B♭ [Pistoni, Pist.]
2 Trumpets in E, F [Trombe, Tr.]
2 [Tenor] Trombones [Tromboni, Tbn.]
Bass Trombone [Trombone basso, Tbn. b.]
Tuba

Timpani

Percussion
  Triangle [Triangolo, Tri.]
  Cymbals & Bass Drum [Piatti & Gran Cassa, Ptti. (Pti.) & Gr. C. (G. C.)

Harp [Arpa, Arp.]

Violins I, II [Violino, Vl.]
Violas [Viola, Vla.]
Cellos [Violoncello, Vcl.]
Basses [Contrabasso, Cb.]

No. 1: Scène

Moderato
2 Flauti
2 Oboi
p espress.
2 Clarinetti in A
2 Fagotti
I. II.
4 Corni in F
IV. V.
2 Trombe in F
2 Tromboni
Trombone basso
Tuba
Timpani
Arpa
mf
Moderato
Violino I
Violino II
Viola
Violoncello
Contrabasso
sf
p
pizz.

Ob.
Arp.
Vl. I
Vl. II
Vla.
Vcl.
Cb.
Ob.
Arp.
Vl. I
Vl. II
Vla.
Vcl.
arco
p
pizz.
Cb.

Ob.
Arp.
p
Vl. I
Vl. II
Vla.
Vcl.
Cb.
10
Ob.
Arp.
Vl. I
Vl. II
Vla.
Vcl.
Cb.

20
Fl.
a 2
ff
Ob.
cresc.
f
ff
Cl.
ff
Fg.
ff
Cor.
(F)
f
f
Tbn.
f
Tbn. b.
Tba.
f
Timp.
f
Arp.
cresc.
Vl. I
cresc.
f
Vl. II
cresc.
f
Vla.
cresc.
f
Vcl.
cresc.
arco
f
Cb.
cresc.
arco
f
20

a 2
Fl.
Ob.
Cl.
Fg.
Cor.
(F)
Tbn.
Tbn. b.
Tba.
Timp.
Vl. I
Vl. II
Vla.
Vcl.
Cb.

Fl.
Ob.
Cl.
Fg.
Cor. (F)
Timp.
Arp.
Vl. I
Vl. II
Vla.
Vcl.
Cb.
pizz.
pizz.

30
Fl.
Ob.
Cl.
Fg.
Cor. (F)
f
Arp.
Vl. I
Vl. II
Vla.
Vcl.
Cb.
30

Fl.
Ob.
Cl.
Fg.
Cor. (F)
Arp.
12
Vl. I
Vl. II
Vla.
Vcl.
Cb.

Fl.
Ob.
Cl.
Fg.
Cor. (F)
Arp.
Vl. I
Vl. II
Vla.
Vcl.
Cb.

a 2
40
Fl.
Ob.
Cl.
Fg.
Cor.
(F)
Tr.
Tbn.
Tbn. b.
Tba.
Timp.
Arp.
Vl. I
Vl. II
Vla.
arco
Vcl.
arco
Cb.
40

Stringendo
a 2
Fl.
Ob.
Cl.
Fg.
Cor. (F)
Tr.
Tbn.
Tbn. b. Tba.
Timp.
Stringendo
Vl. I
Vl. II
Vla.
Vcl.
Cb.

Più mosso
50
a 2
Fl.
Ob.
Cl.
Fg.
Cor. (F)
Tr.
Tbn.
Tbn. b. Tba.
Timp.
Più mosso
Vl. I
Vl. II
Vla.
Vcl.
Cb.
50

a 2
Fl.
Ob.
Cl.
Fg.
Cor.
(F)
Tr.
Tbn.
Tbn. b.
Tba.
Timp.
Vl. I
Vl. II
Vla.
Vcl.
Cb.

a 2
Fl.
Ob.
Cl.
Fg.
Vl. I
Vl. II
Vla.
Vcl.
Cb.
f
mf
60
dim.
dim
p
70

No. 2: Valse
Waltz

VALSE
Cor. (F)
Vl. I
Vl. II
Vla.
Vcl. Cb.
arco
10
20
30
pizz.

Fl.
Cl.
Cor.
(F)
Vl. I
Vl. II
Vla.
Vcl.
Cb.
a 2
p
40
Fg.
Timp.
arco
50

Fl. picc.
Fl.
Ob.
Cl.
Fg.
Cor. (F)
Pist.
Tr.
Tbn.
Tbn. b. Tba.
Timp.
Tri.
Pti.
G. C.
Ptti.
Gr.C.
Vl. I
Vl. II
arco
Vla.
Vcl. Cb.

Fl. picc.
Fl.
Ob.
Cl.
Fg.
Cor.
Pist.
Tr.
Tbn.
Tbn. b.
Tba.
Timp.
Tri.
Pti.
G. C.
Vl. I
Vl. II
Vla.
Vcl.
Cb.
60
ff
a 2

70
Fl. picc.
Fl.
Ob.
Cl.
Fg.
Cor.
Pist.
Tr.
Tbn.
Tbn. b.
Tba.
Timp.
Tri.
Pti.
G. C.
Gr.C.
Pttl.
ff
p
Vl. I
Vl. II
Vla.
Vcl.
Cb.
70

80
FINE
Fl. picc.
Fl.
Ob.
Cl.
Fg.
Cor.
Pist.
Tr.
Tbn.
Tbn. b.
Tba.
Timp.
Tri.
Pti.
G. C.
Vl. I
Vl. II
Vla.
Vcl.
Cb.
ff
a 2
80
FINE

Fl.
Ob.
Cl.
Fg.
Cor.
I.II
Tri.
Pti.
G. C.
Ptti.
90
a 2
Vl. I
Vl. II
Vla.
Vcl.
Cb.

Fl.
Ob.
Cl.
Fg.
Cor.
Tri.
Pti.
G. C.
Vl. I
Vl. II
Vla.
Vcl.
Cb.
a 2
mf
Ptti.
100
Fl. picc.
pizz.
p

Fl. picc.
Fl.
a 2
Vl. I
Vl. II
Vla.
Vcl.
Cb.
Fl. picc.
Fl.
Ob.
Cl.
a 2
Fg.
a 2
Cor.
Vl. I
arco
Vl. II
arco
Vla.
arco
Vcl.
Cb.
120

Fl. picc.
Fl.
a 2
Ob.
Cl.
Fg.
Cor.
Pist.
Tr.
Tbn.
Tbn. b.
Tba.
Timp.
Tri.
Pti.
G. C.
Vl. I
Vl. II
Vla.
Vcl.
Cb.
ff

130
Fl. picc.
ff
a 2
Fl.
Ob.
Cl.
Fg.
Cor.
Pist.
Tr.
Tbn.
Tbn. b.
Tba.
Timp.
Tri.
Pti.
G. C.
Vl. I
Vl. II
Vla.
Vcl.
Cb.
130
D. 𝄋 al Fine

140
Fl.
Ob.
Cl.
Fg.
Cor.
Tri.
dolce
Vl. I
Vl. II
Vla.
Vcl.
Cb.
140

150
Fl.
Ob.
Cl.
Fg.
Cor.
Tri.
Vl. I
Vl. II
Vla.
Vcl.
Cb.
pizz.
150

Fg.
III.IV
Cor.
Fl.
mf espress.
espress.
arco
Vl. I
mf
Vl. II
Vla.
Vcl.
Cb.
160
I.
1
Pist.

2
170
Fl.
Ob.
Cl.
Fg.
Cor.
Pist.
Tri.
dolce
Vl. I
Vl. II
Vla.
Vcl.
Cb.
170

180
Fl.
Ob.
Cl.
Fg.
Cor.
Tri.
Vl. I
Vl. II
Vla.
Vcl.
Cb.
pizz.
180

Fl.
Ob.
Cl.
Fg.
Vl. I
Vl. II
Vla.
Vcl.
Cb.
I
arco
pizz.
a 2
I.

200
Fl.
Ob.
Cl.
Fg.
Cor.
Vl. I
Vl. II
Vla.
Vcl.
Cb.
a 2
I.
Sul G
arco
200

210
Fl. picc.
Fl.
a 2
Ob.
Cl.
Fg.
Cor.
Pist.
Tbn.
Tbn. b.
Tba.
Tri.
Pti.
G. C.
Vl. I
Vl. II
Vla.
Vcl.
Cb.
ff
210

Fl. picc.
Fl.
a 2
Ob.
a 2
Cl.
Fg.
Cor.
Pist.
Tbn.
Tbn. b.
Tba.
Tri.
Vl. I
Vl. II
Vla.
Vcl.
Cb.
1
2
f
mf
p
pizz.

a 2
Fl.
Ob.
I.
Cl.
Fg.
Vl. I
Vl. II
Vla.
Vcl.
Cb.
220
a 2
Fl.
Ob.
I.
Cl.
Fg.
Vl. I
Vl. II
Vla.
Vcl.
Cb.
230

a 2
Fl.
cresc.
Ob.
p
Cl.
cresc.
Fg.
cresc.
Vl. I
cresc.
Vl. II
cresc.
Vla.
cresc.
Vcl.
Cb.
cresc.
a 2
mf cresc.
Cor.
arco
240

a 2
250
Fl.
Ob.
Cl.
mf cresc.
Fg.
Cor.
Timp.
mf cresc.
Vl. I
Vl. II
Vla.
Vcl.
Cb.
250

260
Fl. picc.
Fl.
Ob.
Cl.
Fg.
Cor.
Pist.
Tr.
Tbn.
Tbn. b.
Tba.
Timp.
Tri.
Pti.
G. C.
Vl. I
Vl. II
Vla.
Vcl.
Cb.
ff
260

Fl. picc.
Fl.
a 2
Ob.
Cl.
Fg.
Cor.
Pist.
Tr.
Tbn.
Tbn. b.
Tba.
Timp.
Tri.
Pti.
G. C.
Vl. I
Vl. II
Vla.
Vcl.
Cb.

270
Fl. picc.
Fl.
Ob.
Cl.
Fg.
a 2
Cor.
Pist.
Tr.
Tbn.
Tbn. b.
Tba.
Timp.
Tri.
Pti.
G. C.
Vl. I
Vl. II
Vla.
Vcl.
Cb.
ff
270

280
Fl. picc.
a 2
Fl.
Ob.
Cl.
a 2
Fg.
Cor.
Pist.
Tr.
Tbn.
Tbn. b.
Tba.
Timp.
ff
Tri.
Pti.
G. C.
Vl. I
Vl. II
Vla.
Vcl.
Cb.
280

290
Fl. picc.
a 2
Fl.
Ob.
Cl.
Fg.
Cor.
Pist.
Tr.
Tbn.
Tbn. b.
Tba.
Timp.
Tri.
Pti.
G. C.
Vl. I
Vl. II
Vla.
Vcl.
Cb.
290

300
Fl. picc.
Fl.
a 2
Ob.
Cl.
Fg.
Cor.
Pist.
Tr.
Tbn.
Tbn. b.
Tba.
Timp.
Tri.
Pti.
G. C.
Vl. I
Vl. II
Vla.
Vcl.
Cb.
300

310
320
Fl. picc.
Fl.
a 2
Ob.
Cl.
Fg.
a 2
Cor.
Pist.
Tr.
Tbn.
Tbn. b.
Tba.
Timp.
Tri.
Pti.
G. C.
Vl. I
Vl. II
Vla.
Vcl.
Cb.
310
320

Fl. picc.
Fl.
a2
Ob.
Cl.
Fg.
Cor.
Pist.
Tr.
Tbn.
Tbn. b.
Tba.
Timp.
Tri.
Pti.
G. C.
Vl. I
Vl. II
Vla.
Vcl.
Cb.

No. 3: Danses des cygnes

Dances of the swans

Fl.
Ob.
Cl.
Fg.
Vl. I
Vl. II
Vla.
Vcl.
Cb.
a 2
pizz.
p
Vcl.
Cb.
10

Fl.
a 2
p
Vl. I
Vl. II
Vla.
Vcl.
Cb.
Fl.
Vl. I
Vl. II
Vla.
Vcl.
Cb.
20
Fl.
a 2
p
Vl. I
Vl. II
Vla.
Vcl.
Cb.

a 2
Fl.
Ob.
Cl.
Fg.
Vl. I
Vl. II
Vla.
Vcl.
Cb.
p
a 2
pizz.
330

Fl. picc.
Fl.
Ob.
Cl.
Fg.
a 2
Cor.
Pist.
Tr.
Tbn.
Tbn. b.
Tba.
Timp.
Vl. I
Vl. II
Vla.
Vcl.
Cb.
arco
p
ff

No. 4: Scène

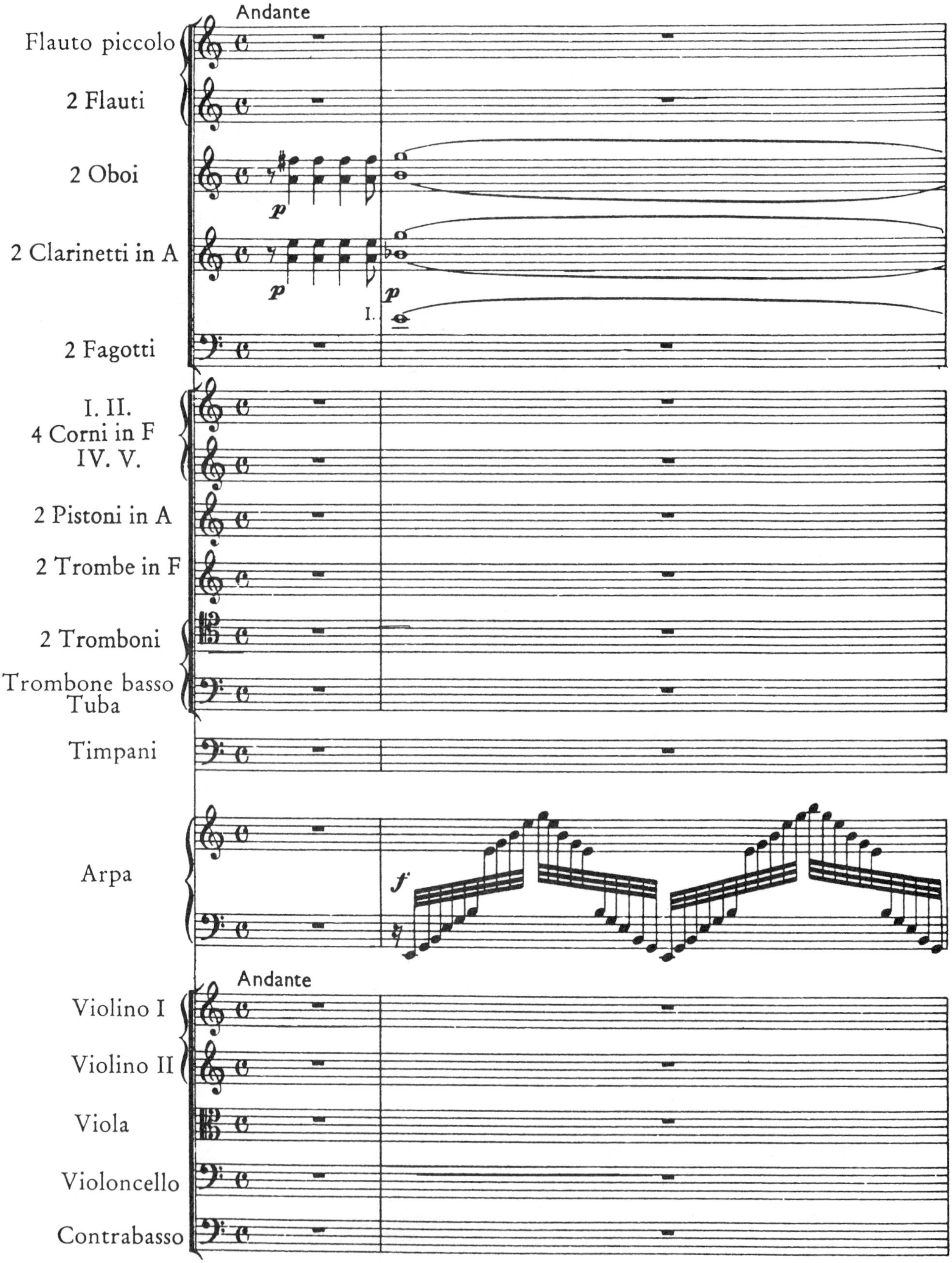
Andante
Flauto piccolo
2 Flauti
2 Oboi
2 Clarinetti in A
2 Fagotti
I. II.
4 Corni in F
IV. V.
2 Pistoni in A
2 Trombe in F
2 Tromboni
Trombone basso
Tuba
Timpani
Arpa
Andante
Violino I
Violino II
Viola
Violoncello
Contrabasso

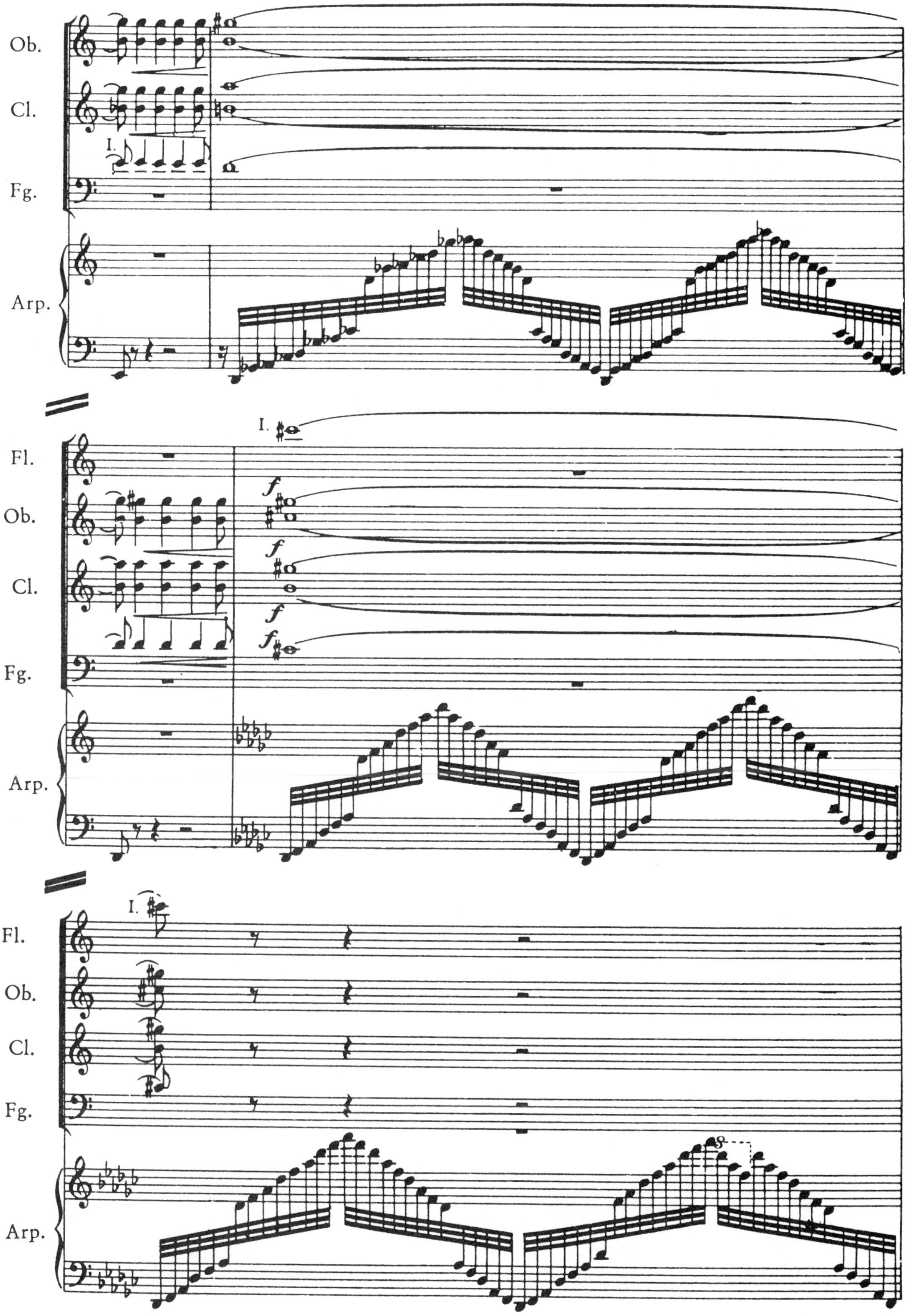
Ob.
Cl.
I.
Fg.
Arp.
Fl.
f

Cadenza
Arp.
p
f
8
ritenuto molto

Andante non troppo
Arp.
p
Violino Solo
con sordino
Con molto espressione
Vl. S.
10
p
Fl.
Cl.
I.
p
mf
Fg.
p
mf
Arp.
poco cresc.
mf
Vl. S.
poco cresc.
20
mf
Arp.
p
riten.
Vl. S.
riten.
30
p

Più mosso
Ob.
pp
Cl.
I.
pp
Cor.
I.
pp
Arp.
Più mosso
Vl. S.
Vl. I
Vl. II
pizz.
Vla.
pp
pizz.
Vcl.
pp
Ob.
cresc.
Cl.
I.
cresc.
Cor.
Vl. I
Vl. II
Vla.
cresc.
Vcl.
cresc.

Ob.
Cl.
Cor.
Vl. S.
Vl. I
Vl. II
Vla.
Vcl.
Cb.
I.
I. cresc.
mf
f
pizz.
p
40
Vl. S.
Vl. I
Vl. II
Vla.
Vcl.
Cb.

Vl. S.
Vl. I
Vl. II
Vla.
Vcl.
Cb.
50

Fl.
Ob.
Cl.
Vl. S.
Vl. I
Vl. II
Vla.
Vcl.
Cb.
p
cresc.

Fl.
Ob.
Cl.
Vcl.
Cb.
Fl.
mf
Ob.
mf
Cl.
mf
Fg.
mf
Vl. S.
mf
Vl. I
pizz.
p
Vl. II
pizz.
p
Vla.
pizz.
Vcl.
Cb.
mf
p

Vl. S.
Vl. I
Vl. II
Vla.
Vcl.
Cb.
70
Fl.
Ob.
Cl.
Fg.
a 2
p cresc.
Vl. S.
Vl. I
Vl. II
Vla.
Vcl.
Cb.

Fl.
Ob.
Cl.
a 2
Fg.
Violoncello Solo
con sordino
Vlc. S.
Tempo I
Arp.
Con molto espressione
Vl. S.
Tempo I
pizz.
Vl. I
Vl. II
Vla.
Con molto espressione
Vlc. S.
Vcl.
Cb.
80

Arp.
poco cresc.
Vl. S.
poco cresc.
mf
Vl. I
poco cresc.
Vl. II
poco cresc.
Vla.
poco cresc.
Vlc. S.
poco cresc.
Vcl.
poco cresc.
Cb.
poco cresc.
90
Arp.
mf
Vl. S.
Vl. I
poco f
Vl. II
poco f
Vla.
poco f
Vlc. S.
mf
Vcl.
poco f
Cb.
poco f

riten.
Ob.
Cl.
Fg.
Arp.
Vl. S.
Vlc. S.
100
Cor.
Timp.
Vl. I
Vl. II
Vla.
Vcl.
Cb.
pizz.

No. 5: Danse hongroise (Czardas)

Hungarian dance

Allegro moderato
a 2
Fl.
Cor.
I.II
Allegro moderato
Vl. I
Vl. II
Vla.
Vcl.
Cb.
pizz.
a 2
Fl.
Cl.
Fg.
Cor.
Tr.
Tbn.
Vl. I
Vl. II
Vla.
pizz.
Vcl.
pizz.
Cb.
arco
10

Cl.
Fg.
Cor.
Tr.
Tbn.
Vl. I
Vl. II
Vla.
Vcl.
Cb.
arco
pizz.
arco
arco
pizz.
arco
20
a 2
a 2
Fl.
Cl.
Fg.
Tba.
Vl. I
Vl. II
Vla.
Vcl.
Cb.
pizz.

Fl.
Cl.
Fg.
Tba.
Vl. I
Vl. II
Vla.
Vcl.
Cb.
a 2
Fl.
Ob.
Cl.
Fg.
Cor.
III.IV
Vl. I
Vl. II
Vla.
Vcl.
Cb.
arco
f
30

Vivace
Fl.
Ob.
Cl.
Fg.
III.IV
Cor.
Timp.
Vivace
Vl. I
Vl. II
Vla.
Vcl.
Cb.
Cl.
Fg.
Timp.
Vl. I
Vl. II
pizz.
Vla.
pizz.
Vcl.
pizz.
Cb.
40

50.
Fl.
Cl.
Fg.
Cor.
I.
Tba.
Timp.
Tri.
Vl. I
Vl. II
Vla.
Vcl.
arco
Cb.
50

Fl.
cresc.
Cl.
cresc.
Fg.
cresc.
Cor.
I
II.
p cresc.
Tba.
cresc.
Cor.
cresc.
Tri.
cresc.
Vl. I
cresc.
Vl. II
cresc.
Vla.
cresc.
Vcl.
cresc.
Cb.

60
Fl. picc.
Fl.
Ob.
Cl.
a 2
Fg.
Cor.
Pist.
Tr.
Tbn.
Tbn. b.
Tba.
Timp.
Tri.
Pti.
G. C.
Vl. I
Vl. II
Vla.
Vcl.
Cb.
arco
ff
60

Fl. picc.
Fl.
Ob.
a 2
Cl.
Fg.
Vl. I
pizz.
Vl. II
pizz.
Vla.
pizz.
Vcl.
Cb.
pizz.
70

Fl.
a 2
ff
Ob.
Cl.
Fg.
Cor.
Pist.
Tr.
Tbn.
Tbn. b.
Tba.
Timp.
Tri.
Pti.
G. C.
Vl. I
Vl. II
Vla.
Vcl.
Cb.
arco

80
Fl. picc.
Fl.
a 2
Ob.
Cl.
Fg.
Cor.
Pist.
Tr.
Tbn.
Tbn. b.
Tba.
Timp.
Tri.
Pti.
G. C.
Vl. I
Vl. II
Vla.
div.
Vcl.
Cb.
ff
80

90
Fl. picc.
Fl.
Ob.
Cl.
Fg.
Cor.
Pist.
Tr.
Tbn.
Tbn. b.
Tba.
Timp.
Tri.
Pti.
G. C.
Vl. I
Vl. II
Vla.
Vcl.
Cb.
90

Fl. picc.
Fl.
Ob.
Cl.
Fg.
Cor.
Pist.
Tr.
Tbn.
Tbn. b.
Tba.
Timp.
Tri.
Pti.
G. C.
Vl. I
Vl. II
Vla.
Vcl.
Cb.

100
Fl. picc.
Fl.
Ob.
Cl.
Fg.
Cor.
Pist.
Tr.
Tbn.
Tbn. b.
Tba.
Timp.
Tri.
Pti.
G. C.
Vl. I
Vl. II
Vla.
unis.
Vcl.
Cb.
100

No. 6: Scène

Allegro agitato
Flauto piccolo
2 Flauti
2 Oboi
2 Clarinetti in A
2 Fagotti
I. II.
4 Corni in F
IV. V.
2 Pistoni in Bb
2 Trombe in F
2 Tromboni
Trombone basso
Tuba
Timpani
Piatti
Gran Cassa
Allegro agitato
Violino I
Violino II
Viola
Violoncello
Contrabasso

Vl. I
Vl. II
Vla.
Vcl.
Cb.
mf
pizz.
Fl.
a 2
mf cresc.
cresc.
10

Fl.
a 2
f
Fg.
mf
Vl. I
f
Vl. II
f
Vla.
f
Vcl.
f
mf
Cb.
f
Fg.
Vl. I
dim.
mf
Vl. II
dim.
mf
Vla.
dim.
Vcl.
dim.
pizz.
mf
Cb.
dim.
mf

Fl.
Vl. I
Vl. II
Vla.
Vcl.
Cb.
a 2
mf
cresc.
Fg.
arco
f
20

Fg.
cresc.
Vl. I
Vl. II
Vla.
Vcl.
Cb.
arco
dim.
Fl.
Ob.
Cl.
Cor.
a 2
I.II
p cresc.
30

Fl. picc.
Fl.
a 2
Ob.
Cl.
Fg.
Cor.
Pist.
Tr.
Tbn.
Tbn. b.
Tba.
Timp.
Pti.
G. C.
Vl. I
Vl. II
Vla.
Vcl.
Cb.
ff
f

Molto meno mosso
picc.
Fl.
a 2
Ob.
Cl.
Fg.
Cor.
Pist.
Tr.
Tbn.
Tbn. b.
Tba.
Timp.
Muta in Re(D), Do♯(C♯), Si(B)
Pti.
G. C.
Vl. I
Vl. II
Vla.
Vcl.
Cb.

Ob.
Cl.
Fg.
Vl. I
Vl. II
Vla.
Vcl.
Cb.
Cor.
I.
espress.
con passione
pizz.
40

Fl.
Ob.
Cl.
Fg.
Cor.
Vl. I
Vl. II
Vla.
Vcl.
Cb.
a 2
50
arco
Vcl.
Cb.

Allegro vivace
Fl.
Ob.
Cl.
Fg.
Timp.
Vcl.
Cb.
a 2
ff
f
p poco a poco cresc.
f > p poco a poco cresc.
Allegro vivace
Fl. picc.
cresc.
60

Fl. picc.
Fl.
a 2
Ob.
Cl.
Fg.
Cor.
Pist.
Tr.
Tbn.
Tbn. b.
Tba.
Timp.
Pti.
G. C.
Gr.C.
Ptti.
Vl. I
Vl. II
Vla.
Vcl.
Cb.

Fl. picc.
Fl.
a 2
Ob.
Cl.
Fg.
Cor.
Pist.
Tr.
Tbn.
Tbn. b.
Tba.
Timp.
Pti.
G. C.
Pttl.
Gr.C.
Vl. I
Vl. II
Vla.
Vcl.
Cb.

Fl. picc.
a 2
Fl.
Ob.
Cl.
Fg.
Cor.
Pist.
Tr.
Tbn.
Tbn. b.
Tba.
Timp.
ff
p
Pti.
G. C.
Ptti.
Gr.C.
Vl. I
Vl. II
Vla.
Vcl.
Cb.

Fl.
Ob.
Cl.
Fg.
Timp.
Vcl.
Cb.
a 2
f
p poco a poco cresc.
70
Fl. picc.
cresc.
ff

Fl. picc.
Fl.
a 2
Ob.
Cl.
Fg.
Cor.
Pist.
Tr.
Tbn.
Tbn. b.
Tba.
Timp.
Pti.
G. C.
Gr.C.
Ptti.
Vl. I
Vl. II
Vla.
Vcl.
Cb.
ff

80
Fl. picc.
Fl.
a 2
Ob.
Cl.
Fg.
Cor.
Pist.
Tr.
Tbn.
Tbn. b.
Tba.
Timp.
Pti.
G. C.
Pttl.
Gr.C.
Vl. I
Vl. II
Vla.
Vcl.
Cb.
80

Fl. picc.
Fl.
a 2
Ob.
Cl.
Fg.
ff
Cor.
ff
Pist.
Tr.
Tbn.
Tbn. b.
Tba.
Timp.
Pti.
G. C.
Ptti.
Gr.C.
p
poco a poco cresc.
(Cassa, tremolo)
Vl. I
Vl. II
Vla.
Vcl.
div.
ff
Cb.

Cl.
Fg.
ff
Cor.
ff
ff
Pti.
G. C.
Gr.C.
div.
Vla.
ff
Vcl.
Ob.
ff
Cl.
Fg.
Cor.
ff
Tbn. b.
Pti.
G. C.
Gr.C.
Vl. I
div.
Vl. II
ff
div.
Vla.
Vcl.

90
Fl. picc.
Fl.
Ob.
Cl.
Fg.
Cor.
Tr.
Tbn.
Tbn. b.
Tba.
Pti.
G. C.
Gr.C.
div.
Vl. I
Vl. II
Vla.
Vcl.
Cb.
ff
f
90

Fl. picc.
Fl.
a 2
Ob.
Cl.
Fg.
a 2
Cor.
Pist.
ff
Tr.
Tbn.
Tbn. b.
Tba.
Timp.
Pti.
G. C.
Gr.C.
fff
fff
unis.
Vl. I
unis.
Vl. II
unis.
Vla.
unis.
Vcl.
Cb.

Andante
Fl. picc.
Fl.
Ob.
Cl.
Fg.
Cor.
Pist.
Tr.
Tbn.
Tbn. b.
Tba.
Timp.
Pti.
G. C.
Arp.
Andante
Vl. I
Vl. II
Vla.
Vcl.
Cb.
pizz.

100
Fl.
Ob.
Cl.
Fg.
a 2
Cor.
Arp.
Vl. I
Vl. II
Vla.
Vcl.
Cb.
100

Fl.
Ob.
Cl.
Fg.
Cor.
Tbn.
Tbn. b.
Tba.
Timp.
Arp.
Vl. I
Vl. II
Vla.
Vcl.
Cb.
a 2
marcato
div.
arco
ff

a 2
110
Fl.
dim.
Ob.
a 2
Cl.
Fg.
Cor.
Tbn.
Tbn. b.
Tba.
mf
Timp.
Arp.
6
Vl. I
Vl. II
Vla.
unis.
Vcl.
Cb.

120
Ob.
a 2
mf
Cl.
mf
Fg.
mf
Cor.
Tbn. b.
Tba.
dim.
p
Timp.
mf dim.
p
Arp.
f
8
Vl. I
mf
p
Vl. II
mf
p
Vla.
mf
p
Vcl.
mf
p
Cb.
mf
p
3
pizz.
120

"The Sleeping Beauty"

Suite from the Ballet

Op. 66

(1888–9)

Libretto by choreographer Marius Petipa
and I. Vsievolojsky, Director of the Imperial Opera,
after Charles Perrault's fairy tale "La belle au bois dormant" (1697)

First performance of the ballet:
Mariinsky Theatre, St. Petersburg: 15 January 1890

Instrumentation

Piccolo [Fl(auto) piccolo]
2 Flutes [Flauto, Fl.]
2 Oboes [Oboi, Ob.]
English Horn [Corno inglese, Cor(no) ingl.]
2 Clarinets in A, B♭ ("B") [Clarinetti, Clar., Cl.]
2 Bassoons [Fagotti, Fag.]

4 Horns in F [Corni]
2 Cornets in A, B♭ ("B") [Pistons]
2 Trumpets in A, B♭ ("B") [Trombe]
2 Tenor Trombones [Tromboni tenori]
Bass Trombone [Trombone basso]
Tuba

Timpani

Percussion
- Triangle [Triangolo]
- Small (tuned) Bells [Clochettes (Glockenspiel?)]
- Tam-tam
- Small Drum [Tambour petit]
- Cymbals and Bass Drum [Piatti e gr(an) Cassa]

Harp [Arpa]

Violins I, II [Violini]
Violas [Viole]
Cellos [Violoncelli]
Basses [Contrabassi, C.-Bassi]

No. 1: Introduction. La Fèe des Lilas

The Lilac Fairy

fff

Andantino.
Tam-tam.
(La Fées des Lilas parait)
dolce
pizz.
Andantino.

più f
più f

dolce
mp
p
mf
pp
arco

p
più f
più f
p
p
più f
p
mp
pp
p
mp
mp
mp
mp
mp

f
mf
mp
p
(On dépose la princesse en dormie sur un brancard et en l'emporte)
pizz.

crescendo
mf
cresc.
f
cresc.7
arco

crescendo
a 2

Più mosso.
rit. molto
(La Fée etend sa bagnette)
Più mosso.
rit. molto

Andante sostenuto.
dolce
p
pp
pizz.
Andante sostenuto.

p
mp
pp

p
p
p

a 2
a 2
arco

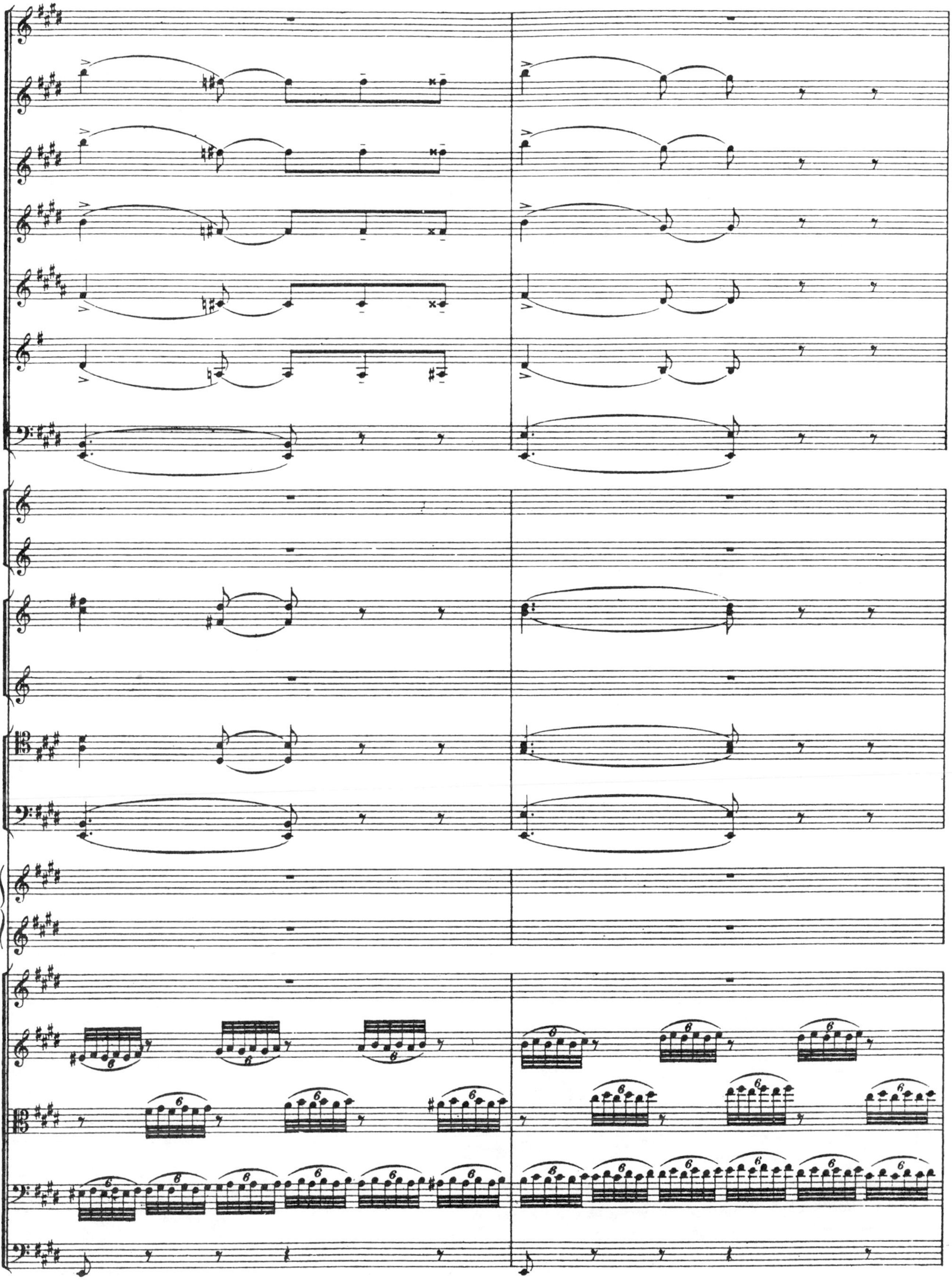

p
mp

p.
p.
mp
p
p

p
pp
mp
pizz.

son bouches
son bouches
con sordino

ppp
ppp
pp
pp
pp
ppp
ppp
ppp
ppp
ppp

No. 2: Adagio. Pas d'action

Ob.
Cor. ingl.
Cl.
Fag.
Corni.
Arpa *ff*
di - - - - -
mi - - - - - -
10
11
- nu - - - - -
en - - - - - -
12
13

Ob.
_do
pp
Cor. ingl.
_do
pp
Cl.
_do
pp
Fag.
_do
pp
_do
pp
Corni.
_do
pp
Arpa
14
14
fff ad libitum
13
13
14
14
2
4
12
8

Adagio maestoso.
a 2
cresc.
pizz.
Adagio maestoso.

ff
f
pizz.
arco

cresc.
ff
a 2
tr
f
arco

a 2
arco

a 2
ff

poco stringendo
p
cre
scen
do
pp
poco stringendo

Più mosso.
Più mosso.

ritenuto
a 2
a 2
a 2
a 2
a 2
ritenuto

Tempo I.

Tempo I.

a 2
pizz.

Clar.
p
Fag.
p
Tromboni. mf
f
mf
mf
f
mf
mf
f
mf
Fl. piccolo
mp
Fl. I.
mp
Fl. II.
p
Ob.
Corno ingl.
p
Clar.
Fag.

Fl. piccolo
Fl. I.
Fl. II.
Ob.
Corno ingl.
Clar.
Fag.
Fl. I.
Fl. II.
Ob.
a 2
Corno ingl.
Clar.
Fag.
a 2
Corni
Pistons
Trombone basso
arco

Molto sostenuto, quasi più Andante.
poco stringendo.
Molto sostenuto, quasi più Andante.
poco stringendo.

Tempo I.
mf
fff
f
ff
fff
Tempo I.

a 2
a 2
fff
fff

a 2
a 2
a 2
a 2

No. 3: Pas de caractère:
Le chat botté et la chatte blanche
Character dance: Puss-in-boots and the white cat

Moderato. (♩ = 92.)
Ob.
Fag.
Pistons.
Trombe.
Moderato. (♩ = 92.)
Ob.
Cor ingl.
Fag.
divisi
divisi
unis.
unis.
pizz.

Ob.
Cor. ingl.
Fag.
div.
unis.
Fl. piccolo
Fl. I.
Fl. II.
Ob.
Cor. ingl.
Cl.
Fag.

Fl.piccolo.
Fl.I.
Fl.II.
Oboi.
Corno ingl.
Cl.
a 2
Fag.
Fl. piccolo.
Fl.I.
Fl.II.
Cl.
Fag.
arco

cresc.

No. 4: Panorama

p
p
p
p
p
p
p
5

mf
p
p
p
p
p

espressivo
arco

mf
p
p
mf
5
5
5

pizz.
pizz.
pizz.

p
mp
cresc.
arco

1.
2.
mf
p
arco
6

arco
arco

Fag.
p
Cor. I.II.
pp
Trombe.
p
Tuba.
Timp.
mf
p
pizz.
pizz.
Fag.
Timp.
pizz.

No. 5: Valse

Waltz

-scen - do
mf
crescendo
cresc.
f

cre - scen - do
ff
tr

tr

Cor. ingl.
Cl.
Fag. a 2
Corni.
cantabile
p
più f
f

f
ff
pp
mp
mf

ff
divisi.

unis.
divisi.

unis.
divisi.

unis.
divisi.

Fl. I.
Fl. II.
Cl.
Fag.
Corni.
sul G.
sul G.
pizz.
pizz.
pizz.
più f

Fl. I.
Fl. II.
Cl.
Ob.
Cor. ingl.
Fag.
Corni.
à 2
arco

a 2
arco
pizz.

Fl.I.
dolce
p
Ob.
p dolce
Cl.
p
Corni I.II.
pp
Clochettes.
arco
pp

Fl.I.
Ob.
Cl.
Corni I.II.
pp
Clochettes.
pp
pp
pp
pp
pp
Fl.I.
Ob.
Cl.
Corni I.II.
pp
Clochettes.

a 2

Cor. ingl.
Cl.
Fag.
Corni.
più f
f
Cor. ingl.
Cl.
Fag.
Corni.
Pistons.
Trombe.
p
pp
mp

div.
unis.

div.
unis.

divisi
unis.

Fl.I.
Fl.II.
Cl.
Fag.
ff
mf
pp
Corni.
mf
f
mp
sul G.
p
divisi
pizz.

Fl. I.
più f
Fl. II.
Cl.
Ob.
Cor. ingl.
Fag.
Corni.
a 2
arco

a 2
ff
arco

ff
a 2
a 2

END OF EDITION